COUP-D'ŒIL

SUR LES

MOYENS LES PLUS PRATICABLES

DE PROCÉDER

A LA LIQUIDATION DE L'INDEMNITE

AFFECTÉE

AUX COLONS FRANÇAIS
RÉFUGIÉS DE SAINT-DOMINGUE.

PAR M. C. M. F. PUTHOD,
ANCIEN MAGISTRAT.

A PARIS,

CHEZ J. G. DENTU, IMPRIMEUR-LIBRAIRE,
RUE DU COLOMBIER, N° 21.

MDCCCXXV.

COUP-D'OEIL

SUR LES

MOYENS LES PLUS PRATICABLES

DE PROCÉDER

A LA LIQUIDATION DE L'INDEMNITE

AFFECTÉE

AUX COLONS FRANÇAIS
RÉFUGIÉS DE SAINT-DOMINGUE.

Il est évident pour tous ceux qui auront réfléchi sur la nature et les effets de la révolution opérée à Saint-Domingue, qu'il est impossible d'asseoir sur une base arithmétiquement juste la valeur de la propriété de chaque colon, et conséquemment de régler, d'après une telle base, la portion d'indemnité revenant à chacun d'eux sur les 150 millions affectés à cet emploi par le gouvernement d'Haïti et l'ordonnance royale du 17 avril dernier.

Tous les élémens nécessaires aux évaluations individuelles ne pourraient se trouver que dans les actes de vente de chaque habitation, qui en rappelleraient l'étendue, les confins, le nombre de nègres et le prix;

dans les actes de concession gratuite, qui énonce-
raient la nature, le lieu et la quantité des carreaux
concédés ; dans les inventaires après décès et actes de
partage, qui fourniraient les mêmes renseignemens ;
dans les baux à loyers ou dans les livres-journaux de
chaque habitation, qui en feraient connaître le revenu
annuel.

Mais où sont aujourd'hui tous ces titres, ces actes
et ces livres ? S'il en reste quelques vestiges dans les
dépôts publics ou qui aient été recueillis et emportés
par quelques fugitifs, ils sont assurément bien rares,
et l'on peut présumer, sans crainte d'une grande er-
reur, que les traces qui en restent seraient insuffi-
santes pour les neuf dixièmes au moins de la liquidation. Personne n'ignore, en effet, que l'excès des dé-
sordres, le pillage, les massacres et les incendies ont
fait disparaître dans la colonie tout ce qui pouvait servir à constater les valeurs et à faire reconnaître les
propriétaires. Pouvait-il donc en être autrement, lorsque l'insurrection qui s'est élevée à Saint-Domingue
n'a eu pour but que l'affranchissement des nègres et
l'envahissement à leur profit des propriétés de toutes
les familles coloniales vouées à un massacre général,
que quelques-unes n'ont évité que par la fuite ?

Ce n'est donc plus dans la teneur des titres, ni des
livres-journaux, qui ont cessé d'exister dans les lieux
publics comme dans les habitations, et qu'on retrou-
vera rarement dans les mains des intéressés, qu'on
peut rechercher une base entière et positive pour la
règle fixe des liquidations.

(5)

On sent assez qu'on ne peut pas non plus s'en rap-
porter entièrement aux déclarations de chacune des
parties intéressées, sur la nature, l'étendue, le revenu
annuel et le prix de leurs propriétés. A Dieu ne
plaise qu'on veuille ici faire suspecter la bonne foi et
la probité des colons. Mais on sait d'avance que personne ne doit être arbitre dans sa propre cause. Les
erreurs, les oublis, les préventions injustes dans lesquels on peut si facilement être entraîné lorsqu'il s'a-
git de son propre intérêt; la morale enfin et l'équité
bien entendue ne permettent pas l'usage d'une telle
confiance, d'un tel abandon. Il serait à craindre qu'il
ne devînt bientôt la source d'exagérations insensées
dans les valeurs, et de débats interminables entre les
colons eux-mêmes, qui sont tous cependant intéressés, l'un comme l'autre, à une répartition aussi
prompte et aussi juste que possible.

On ne connaît réellement qu'un seul élément d'où
il soit possible de tirer aujourd'hui quelques renseignemens propres à entrer, peut-être essentiellement,
dans la base de la liquidation, c'est le nombre de nègres attachés à la culture de chaque habitation, parce
qu'il peut servir en quelque sorte à établir l'impor-
tance et la valeur de chacune d'elles, et qu'il est possible de le vérifier : c'est du moins ce qu'on assure.

Chaque propriétaire payait annuellement un impôt établi sur chaque tête de nègres dont il était en
possession. Il se formait chaque année un recensement public des nègres pour l'assiète de l'impôt. Les
registres de recensement étaient déposés chaque fois

entre les mains de l'autorité pour être conservés à Saint-Domingue, et on ajoute que des doubles étaient adressés en France au ministère de la marine et des colonies, qui les faisait déposer dans ses archives. On ne trouvera pas sans doute les doubles pendant toutes les premières années de la révolution et les suivantes; mais on affirme que, depuis 1790 ou 1789 inclusivement, et en remontant, on peut trouver, tant dans les archives de la colonie qu'au ministère français, dont elle était une dépendance, *tous les résultats du recensement pour chaque habitation*. Or, dès qu'on peut se procurer en France, ou au moins à Saint-Domingue, ce premier éclaircissement, on peut évidemment assujettir chaque colon réclamant à étayer sa demande de l'extrait particulier du recensement qui le concerne, dans les deux dernières années qui ont précédé l'envahissement des propriétés.

Ce renseignement, il est vrai, ne formera, s'il est isolé, qu'une lumière incertaine pour l'évaluation de la propriété; car du nombre de nègres attachés à une habitation, et pour chacun desquels *hommes, femmes, enfans, vieillards*, le propriétaire soldait l'impôt par tête, il serait bien juste, en établissant l'évaluation sur cette base, de distraire du nombre total ceux à qui il était physiquement impossible de participer à la culture, tels que les vieillards des deux sexes et les enfans. Mais comment pourrait-on faire cette distinction? elle paraît aujourd'hui hors de la possibilité; ne se faisant point pour l'assiète de l'impôt, il n'en était fait nulle mention dans le recensement, où on énonçait simplement le nombre total des esclaves faisant partie de l'habitation. Cependant, c'est le nombre des esclaves laborieux et valides, seulement, qui faisait le produit, le surplus n'était qu'une charge pour le propriétaire ; et telle habitation qui avait un moindre nombre de nègres que telle autre, pouvait néanmoins avoir une valeur supérieure à celle-ci, si elle avait plus de nègres valides, et moins de vieillards et d'enfans. Enfin, le sol d'une localité fertile pouvait encore exiger moins de travaux et de bras que celui d'une nature moins productive, et surpasser en valeur l'habitation d'une plus grande étendue et composée d'un plus grand nombre d'ouvriers ; de telle sorte qu'en réglant la valeur de l'indemnité uniquement sur le plus ou moindre nombre de nègres attachés à l'habitation , on serait exposé, sous un double rapport, à commettre bien souvent des erreurs dans la fixation.

Cependant on ne saurait se dissimuler, en thèse générale, que l'habitation renfermant le plus de nègres doit être présumée la plus importante, à moins que cet avantage ne soit détruit par des exceptions qui seraient notoires. Par cette considération, il paraît juste que le nombre de nègres dépendant d'une habitation doit former un document essentiel pour chaque liquidation, et que tout colon réclamant pouvant en retrouver la trace, soit d'autant plus obligé de le produire, que cet acte est peut-être le seul aujourd'hui qu'on puisse raisonnablement exiger de lui impérativement, s'il y a certitude de la conser-

vation des actes de recensement, ainsi qu'on le pré-
tend.

Nous sommes néanmoins loin de penser, nous le
répétons, que ce renseignement doive former la seule
base des évaluations et leur servir de règle exclusive;
nous croyons, au contraire, qu'il ne peut y avoir aucune règle unique, particulière et expresse pour ce
travail, et qu'il doit être soumis, en définitive et dans
l'état des choses, à la sagesse d'une commission formant un jury d'équité, qui serait chargé de résoudre
toutes les questions relatives tant à la reconnaissance
des qualités des réclamans qu'à l'appréciation des indemnités et aux oppositions formées par leurs créanciers (antérieurs à la spoliation), si on admet ceux-
ci, ainsi que cela paraît équitable, au moins pour les
créances qui résulteraient de vente d'immeubles, à
en exercer les droits. Nous développerons plus bas
les motifs de cette proposition. Cette commission s'en-
vironnerait de toutes sortes de documens qui seraient
produits par chaque colon à l'appui de sa demande,
sans être invariablement assujettie extérieurement à
tirer sa règle de décision plutôt de l'un que de l'autre, mais de leurs rapports, de leur connexité, de
leur ensemble, et de ce fonds d'équité naturelle d'où
sort la voix de la conscience.

Le premier document, à moins d'une exception
qu'on ne saurait prévoir et définir, consisterait dans
la représentation de la quote d'imposition constatant,
pendant les deux dernières années de paisible jouis-
sance, le nombre de nègres attachés à l'habitation.

Viendraient ensuite : 1° les actes publics qui cons-
titueraient le droit personnel, à la propriété; 2° ceux
en original sous seing privé, ou simplement en co-
pie, devenus authentiques par le décès de l'auteur,
qui les aurait signés ou seulement écrits; 3° les livres-
journaux où on trouverait l'écriture de l'auteur dé-
cédé; 4° les lettres qui lui auraient été adressées par
des correspondans décédés, relatives au produit de son
habitation; celles qu'il aurait écrites avant sa mort
pour le même sujet; enfin, toutes les pièces qui ten-
draient, de quelque nature qu'elles fussent, à vérifier le droit à la propriété, son revenu, sa valeur, et
tous certificats de notoriété qui auraient été anté-
rieurement et qui seraient actuellement délivrés aux
mêmes fins, en la présence et sous la signature d'officiers publics ayant qualité soit en France, soit à
Saint-Domingue.

Il serait même désirable, quant à ces certificats,
qui ne seraient, au surplus, jamais décisifs, mais seulement consultatifs, qu'ils pussent être signés par des
colons ayant connaissance des faits attestés, mais seulement par ceux dont la liquidation aurait été ou
pourrait être faite sans cette espèce de secours. On
pressent assez la cause de cette distinction, qui n'a
pas besoin d'être expliquée.

Comme on est presque déjà convaincu qu'on ne
peut rechercher que dans un ensemble de preuves de
différente nature le moyen d'apprécier et d'adjuger
l'indemnité revenant à chaque colon, et conséquemment de confier cette œuvre à la sagesse d'une com-

mission, à laquelle on n'imposerait d'autre règle à suivre, dans ses arrêtés, que la voix de la conscience et de l'équité, telle qu'elle pourra se former, soit par des preuves légales, soit par le concours des preuves morales et d'indices lumineux ; il est maintenant indispensable de présenter un tableau de proportions sur lequel les 150 millions seraient ou pourraient être répartis d'une manière satisfaisante ; car, si on se livrait à payer à chaque demandeur, au fur et à mesure des réclamations, la somme équivalente à la valeur qui serait chaque fois reconnue, il arriverait infailliblement que les 150 millions seraient épuisés par les plus habiles à se faire liquider, et que les derniers seraient privés de tout contingent, le fonds d'indemnité étant insuffisant pour faire face aux vraies valeurs individuelles, qui ont été élevées dans un ouvrage publié cette année sur le système colonial, par un colon réfugié, à *un milliard deux cent quatre-vingt seize millions cent trente-cinq mille fr.*

Pour asseoir la liquidation de manière qu'elle profite à tous dans la plus juste proportion possible, elle doit être réglée sur la masse invariable du fonds pécuniaire, en laissant une réserve suffisante, d'abord pour servir à rectifier, à la fin de la liquidation générale, les erreurs trop préjudiciables qui pourront se glisser dans les liquidations individuelles (on peut même assurer d'avance que, quelles que soient les mesures qui seront adoptées, il sera inévitable d'en commettre) ; en second lieu, pour subvenir aux frais des travaux de liquidation, qui seront dispendieux, et qui semblent ne pas devoir tomber à la charge du trésor public.

Afin d'atteindre ce but, il devient indispensable de former des divisions de la masse des propriétés, suivant les genres de culture et d'habitations, et d'établir, dans chaque division, des classes de valeurs graduelles, de telle sorte que la masse des indemnités à remplir n'excède pas le montant de la masse distribuable.

En conséquence, observons, en point de fait, que les habitations consistent, les unes en SUCRERIES, les autres en CAFÉIÈRES, celles-ci en COTONNERIES, celles-là en INDIGOTERIES, d'autres en CACAOTIÈRES, quelques-unes en PLACES A VIVRES, c'est-à-dire le terrain produisant les céréales, les plantes et les fruits, pour la nourriture des hommes et des animaux; enfin, il est encore quelques POTERIES, BRIQUETERIES, TANNERIES, FOURS A CHAUX, puis les habitations URBAINES. Voilà la masse dont on va présenter les divisions et subdivisions par classes. Ce n'est, au surplus, qu'une faible conception livrée pour la faire connaître et la soumettre à l'examen des sages, dont il émanera, sans contredit, un meilleur plan.

PREMIÈRE DIVISION.

Sucreries.

Les sucreries, qui étaient avant la révolution la portion la plus riche des propriétés coloniales, puisque les produits qui en sortaient formaient plus du tiers des revenus de la colonie, composeraient la première division, qui se subdiviserait en six classes, contenant entre elles sept cent quatre-vingts habitations : c'est, à peu de chose près, le nombre présumé avant les massacres et les incendies.

La première classe comprendrait cent habitations, qui auraient chacune à recevoir, dans le fonds d'indemnité, 100,000 fr., et conséquemment sur la masse dix millions, ci . . . . 10,000,000 fr.

La deuxième, cent habitations, à 80,000 fr. chacune, huit millions, ci . . . . 8,000,000.

La troisième, cent trente habitations, à 70,000 fr. chacune, neuf millions cent mille francs, ci . . . . 9,100,000.

La quatrième, cent cinquante habitations, à 60,000 fr. chacune, neuf millions, ci 9,000,000

La cinquième, cent cinquante habitations, à 50,000 fr. chacune, sept millions cinq cent mille francs, ci . . 7,500,000

La sixième, cent cinquante habitations, à 40,000 fr. chacune, six millions, ci 6,000,000

Total de l'indemnité pour les sucreries . . . . 49,600,000 fr.

DEUXIÈME DIVISION.

Caféières.

Les caféières, dont le sol, après vingt-cinq ans de culture, reste le même espace de temps en friche pour être en état de reproduire, et dont le revenu est inférieur à celui des sucreries, composeraient la deuxième division, qui se sous-diviserait en sept classes, contenant entre elles deux mille cinq cents habitations. On croit que cette donnée n'est pas trop faible, surtout si on distrait de cette espèce d'habitations celles qui étaient déjà possédées, en 1790, par des mulâtres et des nègres affranchis qui ne les ont pas quittées, et qui se trouvent hors de l'indemnisation. Il n'en est pas des caféières comme des sucreries, toutes possédées par les blancs, qui tous ont abandonné la colonie ou y ont péri.

La première classe comprendrait cent cinquante habitations, qui recevraient chacune 50,000 fr., et conséquemment en totalité sur la masse sept millions cinq cent mille francs, ci . . . .   7,500,000 fr.

La deuxième, deux cent cinquante habitations, à 40,000 fr. chacune : elle prendrait dix millions, ci   10,000,000

La troisième, trois cent cinquante habitations, à 30,000 fr. chacune, dix millions, ci   10,000,000

La quatrième, quatre cents habita-

——————————

27,500,000 fr.

D'autre part. . . . . 27,500,000 fr.

tions, à 20,000 fr. chacune, sept millions cinq cent mille francs, ci . . .   7,500,000

La cinquième, quatre cent cinquante habitations, à 15,000 fr. chacune, six millions sept cent cinquante
mille francs, ci   6,750,000

La sixième, quatre cent cinquante
habitations, à 10,000 fr. chacune,
quatre millions cinq cent mille francs,
ci   4,500,000

La septième, quatre cent cinquante
habitations, à 6,000 fr. chacune, deux
millions cinq cent mille francs, ci . .   2,500,000

Total des indemnités pour les caféières, quarante-huit millions sept

cent cinquante mille francs, ci . . .   48,750,000 fr.

TROISIÈME DIVISION.

*Cotonneries, indigoteries, cacaotières, poteries,
briqueteries, places à vivres, tanneries, fours
à chaux.*

Toutes ces habitations, quoique formant la classe
la plus nombreuse, sont les moins importantes; et on
affirme communément qu'à l'exception peut-être d'une
vingtaine, toutes les autres sont d'une valeur bien mi-
nime. Elles se confondent quelquefois dans la culture
ou fabrication de deux parties différentes; on peut

donc les cumuler pour en former la troisième division, qui se subdiviserait en six classes, lesquelles contiendraient trois mille habitations. Ce nombre paraît aussi plus que suffisant, dans ce projet, en considérant le grand nombre d'exploitations de cette sorte, appartenant, avant la révolution, à des mulâtres et nègres affranchis, et pour lesquelles il n'y a pas d'indemnité.

Dans la première classe entreraient vingt habitations seulement, qui recevraient chacune 25,000 fr., et retireraient de la masse cinq cent mille francs, ci . . . . 500,000 fr.

La deuxième classe, trois cents habitations, à 12,000 fr. chacune, trois millions six cent mille francs, ci . . 3,600,000

La troisième classe, trois cent quatre-vingts habitations, à 10,000 fr. chacune, trois millions huit cent mille francs, ci 3,800,000

La quatrième, sept cents habitations, à 8,000 fr. chacune, cinq millions six cent mille francs, ci 5,600,000

La cinquième, huit cents habitations, à 6,000 fr. chacune, quatre millions huit cent mille francs, ci . . . 4,800,000

La sixième, huit cents habitations, à 4,000 fr. chacune, trois millions huit cent mille francs, ci 3,800,000

Total des indemnités pour la troisième division . . . . 22,100,000 fr.

QUATRIÈME DIVISION.

Maisons urbaines.

Cette nature de propriété, qui existait dans les villes et les bourgs, était indépendante des habitations de culture : elle est perdue pour les colons, ainsi que le surplus de leur avoir.

Quelques-uns pouvaient ne posséder, en toute fortune, que cette propriété; il est donc juste que les maisons urbaines participent à l'indemnité, et qu'elles en forment une division.

Mais comment les diviser par classes? On n'a aucune donnée approximative sur leur nombre, ni dans les villes ni dans les bourgs. La notoriété n'apprend rien à ce sujet de positif, si ce n'est qu'il y en avait un grand nombre dont la propriété appartenait à des femmes entretenues, à qui elles avaient été données par leurs bienfaiteurs. Le gouvernement seul peut donc acquérir la connaissance du nombre des maisons auxquelles pourra s'appliquer l'ordonnance d'indemnité. Comment fixer encore ici le *maximum* et le *minimum* des évaluations individuelles? La valeur des maisons peut varier à l'infini, suivant la localité et leur consistance. Il appartient au gouvernement seul d'obtenir les élémens nécessaires qui doivent concourir à faire décider si on peut établir des classes dans cette dernière division, ou si on acquittera cette sorte d'indemnité selon l'appréciation particulière de chaque maison. Il suffit ici, pour le but qu'on s'est proposé, de porter à quinze millions le paiement total de cette indemnité. Il paraît qu'elle ne doit pas dépasser cette quotité, ci . . . . 15,000,000.

Le montant des sommes portées pour paiement d'indemnités, dans la première division, s'élève à quarante-neuf millions six cent mille francs, ci   49,600,000 fr.

La deuxième , 48 millions sept cent cinquante mille francs, ci . . .   48,750,000

La troisième, vingt-deux millions cent mille francs, ci   22,100,000

La quatrième, quinze millions, ci   15,000,000

En tout, cent trente-cinq millions quatre cent cinquante mille fr., ci . 135,450,000 fr.

Distrayant cette somme des cent cinquante millions affectés au paiement des indemnités, il reste un fonds de réserve de quatorze millions cinq cent cinquante mille francs, ci . . . . 14,550,000 fr.

Ce fonds, qui doit s'accroître encore de l'indemnité des colons décédés sans postérité, sans parens, sans héritiers connus, et dont il ne sera jamais fait mention comme réclamans, servirait, dans une seconde distribution qui en serait faite par le gouvernement, à la fin de la liquidation générale, à rectifier les erreurs évidentes et trop préjudiciables qui arriveront infailliblement, dans les liquidations individuelles, par le placement de quelques colons dans une classe inférieure à celles où ils auraient dû être portés d'après leur demande, qu'ils n'auraient pas suffisamment justifiée dès l'origine, et que des renseignemens postérieurs auront mieux éclaircie. Mais il serait peut-être bien convenable que cette réparation ne pût être réclamée que par les colons qui n'auraient obtenu, dans la première distribution, qu'un capital au-dessous de cinquante mille francs, car, avec ce principal, personne n'est au-dessous du besoin.

Nous avons pensé, et nous l'avons déjà annoncé, que le travail de la liquidation devait être confié à une commission qui ferait fonctions d'arbitres-jurés chargés de prononcer sur tous les droits des intéressés.

Le motif de cette opinion est qu'en séparant ici les questions relatives aux droits personnels, de celles relatives aux évaluations et répartitions, pour soumettre les premières aux tribunaux ordinaires, et les secondes à une commission, ce serait rendre interminables, pour ne pas dire impossibles, les liquidations.

Si les parties intéressées devaient être placées dans l'obligation absolue de vérifier leurs droits et les valeurs par des titres directs et des preuves juridiques, il serait indispensable, dans l'ordre existant, de faire intervenir les tribunaux, afin de décider si un réclamant a qualité ou non pour se présenter, soit comme propriétaire, soit comme héritier ; s'il est héritier pour le tout, ou seulement pour une partie ; s'il est obligé envers un ancien créancier, ou s'il est libéré ; quelle quotité représentative il peut y avoir à payer sur l'indemnité. Toutes ces questions, en effet, ne pourraient et ne devraient être vidées, devant les tribunaux, que par la représentation des titres, que par des preuves juridiques, et d'après les principes et les formes consacrés par nos lois.

Mais peut-il être question ici de la représentation absolue et indispensable des actes de filiation, de ceux de décès, de ceux de mariage, de ceux qui constituent la propriété, de ceux de transmission, d'aucun de ceux enfin qui, en général, règlent les droits des familles et des individus? Non, sans doute; les pillages, les massacres, les incendies et toutes précautions naturelles des envahisseurs ont fait disparaître non seulement les personnes, mais, avec elles, les neuf dixièmes au moins de tout ce qui pouvait assurer la reconnaissance et la conservation de leurs droits et de leurs intérêts. Ainsi, les colons se trouvent placés hors du droit commun; il faut, à leur égard, une mesure nouvelle qui ne peut plus être en rapport avec la législation et les règles en vigueur.

A la vérité on pourrait alléguer que, suivant les principes de notre droit, lorsqu'une force majeure telle qu'une guerre civile, un pillage, une dévastation, un incendie, ont anéanti des actes constitutifs de l'état des citoyens ou de leurs droits particuliers, on peut y suppléer par le secours des enquêtes, des preuves par commune renommée, et la notoriété publique, et que cette manière de procéder pouvant servir aux colons devant les tribunaux pour y établir leurs droits, ils doivent suivre les juridictions ordinaires.

Ce raisonnement serait plausible, s'il n'était question que d'un petit nombre d'affaires de cette nature, et si les témoins pouvaient se trouver sur notre continent, ou au moins à une distance peu éloignée, pour servir à les faire toutes régler; si enfin on pouvait même se flatter d'en trouver qui existent actuellement, et en nombre suffisant pour tout éclaircir; mais il suffit de se rappeler l'époque et le lieu des évènemens, pour demeurer convaincu que la voie dont on parle est impraticable.

Six ou sept mille liquidations présenteront peut-être six fois encore autant de vérifications à faire sans aucun titre, sans aucune pièce légale. Quel nombre d'enquêtes juridiques n'y aurait-il donc pas à provoquer! quelle quantité de témoins n'y aurait-il pas à amener en France devant les tribunaux! Où trouver enfin au-delà des mers des témoins existans pour vérifier des naissances, des décès, des mariages, des questions de propriété, qui peuvent remonter les uns à près d'un siècle, ou moins si l'on veut, mais les plus récens à plus de trente années? où en trouver enfin le nombre qui serait nécessaire? Il répugne à l'esprit de s'occuper ici de la possibilité de l'exécution, et bien plus encore de l'admettre : il y aurait absurdité. D'où il faut conclure que pour être juste, dans cet ordre de choses extraordinaires, il faut sortir des voies communes, parce que ce qui est juste ne se trouve pas au-delà du possible.

Quelques personnes pourraient penser que les tribunaux doivent être investis, dans cette occurrence, de la faculté de décider comme *jurys* toutes les ques-

tions de faits et de droits qui seront préliminairement
à résoudre dans toutes les liquidations individuelles
des colons, et qu'en leur attribuant ce pouvoir, comme
à une commission, il n'y a plus de raisons pour s'é-
carter de l'ordre des juridictions.

Cette objection ne saurait être prise en grande considération, car il faut toujours ici sortir de nos limites ; et puisqu'on est placé dans cette nécessité, il
faut au moins en sortir de la manière la plus avanta-
geuse aux colons, qui ont besoin d'une justice prompte
et dégagée de toutes les formes judiciaires.

Il semble, au premier aperçu, qu'il serait plus
convenable à leur intérêt, plus expéditif et plus com-
mode pour eux d'être envoyés devant les tribunaux
respectifs de leurs résidences, pour la décision des
questions dont la solution sera nécessaire avant les liquidations ; mais si l'on y réfléchit tant soit peu, cet
avantage disparaît.

D'abord, il est un certain nombre d'entre eux, et
peut-être considérable, qui n'habitent plus la France ;
ceux-là ne sauraient donc à qui s'adresser, car ce n'est
pas à des tribunaux étrangers à juger des droits personnels à l'indemnité distribuée par le gouvernement
français. Quant à ceux qui résident en France, il faut
bien remarquer que c'est à Paris qu'ils peuvent obtenir le plus de renseignemens propres à constater leurs
droits personnels. Les archives du ministère de la marine et des colonies peuvent être pour eux une source
abondante ; la quantité de colons notables et d'anciens fonctionnaires ayant appartenu à la colonie, qui

demeurent à Paris ou dans les environs, leur offre aussi la facilité de faire plus de découvertes, et d'obtenir les attestations de notoriété qui pourront leur être nécessaires. Etant plus rapprochés du gouvernement, ils pourront plus facilement réclamer, auprès de ses agens, les interventions nécessaires pour se procurer à Saint-Domingue les actes et titres que ce gouvernement aurait encore à sa disposition. Tout se ferait sans frais pour eux devant la commission, ce qui ne peut avoir lieu devant les tribunaux, où il faut employer les officiers ministériels. Enfin ils trouveraient dans une commission centrale, à Paris, telle qu'on la propose, l'inappréciable avantage de ne pas être dans la nécessité de diviser leurs soins et leurs démarches auprès de deux autorités différentes, distantes l'une de l'autre, puisque tous, après avoir fait reconnaître leurs droits *personnels* devant les tribunaux, seront encore obligés de venir soumettre à la commission, et discuter à Paris les valeurs qu'ils ont à réclamer, afin d'en obtenir la liquidation.

Il y a, d'autre part, des inconvéniens à éviter, et dans lesquels on tomberait en envoyant les colons devant les tribunaux constitués en jurys.

Les juges ne sont point en assez grand nombre dans chaque tribunal, où ils ne sont qu'au nombre de trois pour la plus grande partie des arrondissemens. Ce n'est pas à un si petit nombre de délibérans qu'on peut livrer une décision qui embrasse toute la fortune d'un individu, et qui peut s'élever à une somme considérable, s'il s'agit d'une grande ou de plusieurs habitations. Que l'on veuille bien considérer encore que lorsque des magistrats doivent rendre une décision sans être astreins à appliquer des lois positives, sans autre règle que celle de leur conscience et de l'équité, ils peuvent tous, avec la même bonne foi, ici se former une religion plus sévère et plus scrupuleuse, là être moins exigeans et plus faibles; que de cette différence il sortirait nécessairement une bigarrure de solutions qui ne laisserait plus apercevoir la même balance et la même égalité de doctrine et de justice sur la même matière.

Ce danger cesse au contraire dans l'établissement d'une commission centrale, à qui tout serait confié; les membres de cette commission, qui seraient continuellement en rapport les uns avec les autres, se réuniraient dans une même manière de voir; ils formeraient eux-mêmes leur jurisprudence pour l'ensemble des questions qu'embrassera la liquidation, et on serait aussi assuré de l'uniformité des décisions préliminaires, que d'une parfaite égalité dans la balance et la répartition des indemnités.

Tout concourt donc, dans l'état des choses, à justifier l'établissement d'une commission spéciale, qui serait chargée, d'après les actes ou documens quelconques qui lui seront présentés, ou dont elle pourra elle-même s'environner sur chaque affaire, de vérifier et reconnaître les droits personnels des colons réclamant, ou de leurs ayant droit, de prononcer sur la généralité d'iceux, selon ses lumières et sa conscience, et de les placer enfin, pour l'indemnité, dans la classe à la-

quelle ils appartiendront, selon la nature de la propriété et la valeur qui en sera reconnue.

Il reste à dire un mot sur la formation de cette
commission.

Il semble qu'elle pourrait être composée de vingt-
deux membres, et divisée en deux sections, ayant
chacune son président, ce qui ferait entrer onze membres dans chaque section.

La première section, dont le chef serait le premier
président de la commission, ne prononcerait que sur
les qualités des réclamans et la validité ou invalidité
des oppositions des créanciers pour dettes contractées
avant les malheurs de la colonie, c'est-à-dire avant
le massacre et la fuite des colons. Si ces créanciers
sont admis à exercer les droits de leurs débiteurs, ce
qui est infiniment vraisemblable, elle déterminerait
encore la proportion dans laquelle ils participeraient
à l'indemnité pour leurs créances.

La deuxième section serait appelée à régler (après
la reconnaissance des qualités et l'admission de la
demande) la classe d'indemnité à laquelle doit ap-
partenir le réclamant, selon les documens produits
et l'évaluation faite.

Les membres de chaque section pourraient, au nombre de trois, passer tous les trois mois d'une section
à l'autre, selon les tours, qu'ils régleraient entre eux.

Le premier président se placerait, quand il le juge-
rait convenable, à la tête de la seconde section, et le
président qu'il remplacerait passerait momentanément
à la première.

Les sections pourraient toujours délibérer en présence de dix membres de la commission ; en cas de partage des suffrages, l'autre section fournirait un de ses membres pour le vider ; il en serait de même pour le remplacement du nombre des absens dont la présence serait nécessaire.

La commission pourrait avoir dans son organisation, six membres choisis parmi les anciens fonctionnaires, ou employés notables, qui auraient habité pendant trois ans au moins la colonie, et qui n'auraient pas à recevoir l'indemnité ; de telle sorte qu'ils fussent toujours au nombre de trois dans chaque section ; le surplus serait choisi parmi d'anciens fonctionnaires civils, ou jurisconsultes recommandables par leurs lumières, leur expérience et leur probité.

On attacherait aussi à cette commission :

Un secrétaire-général,

Deux secrétaires tenant la plume,

Et deux commis expéditionnaires.

Les traitemens pourraient être économiques : on a reconnu que les dépenses, y comprises celles pour papier, registres, encre, cire, plumes, éclairage, chauffage et salaires de deux gardes, soit huissiers pour les sections en service, et deux garçons de bureau, n'excéderaient pas annuellement, si on le voulait, la somme de 180,000 fr., ce qui ferait environ le quart de l'intérêt annuel de 14,580,000 fr., formant le fond qui reste en réserve. Ainsi, les frais de la commission n'atteindraient aucunement le capital des indemnités.

Il n'y aura aucun plan, aucune proposition en général, sur la matière dont on vient de s'occuper, qui puisse être à l'abri d'une forte controverse. On ne peut se dissimuler que les difficultés que présente la liquidation dont le gouvernement recherche la base et la voie d'exécution, vont à l'infini, et qu'il est impossible de les surmonter, si on a l'ambition d'être mathématiquement juste, et si on veut appliquer aux demandes qui seront formées par chaque colon, les principes, les règles et les formes usités. Forcé de sortir de la route ordinaire, on est obligé d'avoir recours aux lumières de la simple raison, et de chercher en elle ce qu'il y a de plus naturel et de plus équitable à suivre. *Summa æquitas, summum jus.*

L'auteur de cet essai n'a pas la prétention d'avoir présenté un plan qui puisse être le meilleur, ni de l'avoir victorieusement développé; il ne doute pas qu'il peut être redressé dans ses propositions, ses classifications, comme dans le reste des détails, et qu'on fera beaucoup mieux que lui. Il faudrait, pour la perfection d'un travail de ce genre, avoir sous les yeux tous les matériaux qui ne se rencontreront jamais dans les mains d'un individu isolé, et que le gouvernement lui-même, malgré ses efforts, n'obtiendra peut-être jamais d'une manière infaillible. On n'a eu d'autre intention que d'offrir un canevas sur lequel on pourrait tracer d'une main plus habile et plus sûre, un dessin mieux approprié à l'état des choses, d'où sortiront les règles de la liquidation la plus convenable.

Enfin on a voulu démontrer seulement trois vérités principales en faveur des colons :

La première, qu'il n'est pas raisonnablement possible d'exiger pour les évaluations de chaque habitation susceptible de l'indemnité, la représentation de titres directs et authentiques à l'appui de la demande.

La seconde, que les indemnités ne peuvent être réglées et déterminées qu'en établissant des divisions, suivant chaque nature de propriété, et, dans chacune de ces divisions, des classes proportionnelles qui auront pour limites, dans la distribution première du fonds pécuniaire, un *maximum* et un *minimum* invariables.

La troisième, que la reconnaissance des droits personnels des réclamans et le résultat de chaque liquidation, ne peuvent être tirés que de l'équité naturelle, en sortant pour la juridiction des règles et des formes ordinaires.

Il paraît que c'est en s'attachant à ces vérités, qu'on parviendra (d'une manière satisfaisante en général) à accélérer le terme auquel la plus grande partie des colons ont besoin d'arriver, pour l'adoucissement des malheurs inouïs qu'ils ont éprouvés, ne devant jamais cesser, toutefois, de bénir le règne de Charles X, leur père et leur consolateur.

IMPRIMERIE DE J. G. DENTU,
RUE DU COLOMBIER, N° 21.